तेरा ज़िक्र ज़रूर होगा

AF722391

सोनिया तातेड

Copyright © Soniya Tater
All Rights Reserved.

This book has been self-published with all reasonable efforts taken to make the material error-free by the author. No part of this book shall be used, reproduced in any manner whatsoever without written permission from the author, except in the case of brief quotations embodied in critical articles and reviews.

The Author of this book is solely responsible and liable for its content including but not limited to the views, representations, descriptions, statements, information, opinions and references ["Content"]. The Content of this book shall not constitute or be construed or deemed to reflect the opinion or expression of the Publisher or Editor. Neither the Publisher nor Editor endorse or approve the Content of this book or guarantee the reliability, accuracy or completeness of the Content published herein and do not make any representations or warranties of any kind, express or implied, including but not limited to the implied warranties of merchantability, fitness for a particular purpose. The Publisher and Editor shall not be liable whatsoever for any errors, omissions, whether such errors or omissions result from negligence, accident, or any other cause or claims for loss or damages of any kind, including without limitation, indirect or consequential loss or damage arising out of use, inability to use, or about the reliability, accuracy or sufficiency of the information contained in this book.

Made with ♥ on the Notion Press Platform
www.notionpress.com

लेखक परिचय

सोनिया तातेड (दिल्ली) की यह प्रथम काव्य कृति है। उनकी रचनाओं में प्रेम, जीवन, संबंध और संवेदनाएँ झलकती हैं। यह पुस्तक उनके साहित्यिक सफर की सुंदर शुरुआत है।

क्रम-सूची

क्रम-सूची

क्रम-सूची

1. मॉ

मेरा होना सही मायनो मे तूने किया सफल मेरी मॉ,
मै तुझसे बनी तुझसे जुडी, तुने ये जहॉ दिया मेरी मॉ,
गिरते संभलते इन रास्तो पर, जीना सिखाया तुने मेरी मॉ,
मै हू आज यहा, जो तु थी मुझमे बसी,
तेरे संस्कारो से पली बढी खिली मेरी जिंदगी,
तेरा शुक्रिया कैसे अदा कर पाऊंगी,
कब मै तु बन पाऊंगी,
मुझे जीना है तेरे संस्कारो को सींच कर,
तेरे ख्वाबो को संजोकर बढना है आगे,
मै यही इस जमीं से जुडी रहू,पर,
उड सकू तेरे दिए आसमानो की ऊचाइयो तक,
तू मूझमे रहे सदा यही ख्वाहीश मेरी मॉ,
मै तूझसे बनी तूझसे जूडी तूने ये जहा दिया मेरी मॉ।

~ sonia

2. इश्क सूरुर

इत्र सी महकी हुई फिजां हो गई,
मेरी गली से जब वो गुज़री,
जिक्र हवाओ में था इस कदर,
उसके आने की खबर उस से पहले आ पहुची।

इश्क का सुरूर सा छाया है,
जुबा पर उसके जब से मेरा नाम आया है,
हाल ए दिल मेरा वो नही जानता, मगर
इस नाचीज को उसके इश्क ने बहकाया है।

उसे भी कोई बता ही दे,
कितना इश्क लुटाया हैं किसी ने,
आँखों में झांक के देखा था उसकी जब,
मेरी तरह ही डूबी थी इश्क में किसी के ।

उसके होठों पर एक मेरा जिक्र ना है,
दिल जानता है मगर, उसने मुझे ही चुना है,
दिल बेकरार सा हुआ है, अब
उसे पा ही लु कि, ये ही आखिरी तमन्ना है।

~ sonia

3. फिजूल इश्क

तेरी आशिकी में डूबे सनम, वरना तो कब के तिर गए होते,
बीच मझधार रिपेयरिंग में लगे रहे, काश किसी और कश्ती मे आगे बढ़ गए होते।

तुम तो डूबे सनम मेरी मोहब्बतें भी ना बच सकीं,
काश कि ये मोहब्बताना बुखार पहले ही उतर गए होते।

फिजूल इश्क में वक्त जाया किया किए, खुद को ही बेहतर होता, जो तराशा किए होते,
लहरों सी उठती, बिखरती रही मोहब्बते, काश जो पहले ही तुम से किनारा किए होते।

ये बेसुध हवाएं, प्यार में ले डूबी थी, काश कि तूफ़ानों ने कुछ इशारे किए होते,
आखिर टूटा फिर नासमझ दिल बेचारा, वक्त रहते दिल को कोई सहारा किए होते ।

~ sonia

4. इंतजार

तू इतनी आसानी से कैसे कह गया,
मुझे जमाने लगे अधरों तक लाने में,
राहों में इन्तेज़ार करती रही मैं तेरा,
तू रिश्ते बिसरा गया, मंजिले पाने में।

तेरी कमी का एहसास, करती रही एक उम्र तक,
तू वफाए मेरी भूला गया चंद क्षणो में,
सीने से लगा कर रखी रही तेरी तस्वीर,
तू भुला गया ऐसे, जैसे मिले न थे कभी जन्मों में।

तेरी वफाओं की दुहाइयां देती रही यहां, वहां,
तूने मगर, ना जिक्र कही, कभी मेरा रखा ,
रास्ते क्या बदले, तूने बदल दी लकीरें तक,
आरज़ू बस तेरी ही तब भी, दिल जो तुझ पे जा मरा ।

~ sonia

5. मिलन

ये रास्ते है भरमाते,
कि तेरा जिक्र इन वादियों में नहीं, कही भी नहीं,
चल चला हु अब,
तू नहीं गर तो फिर कोई भी नहीं, कहीं भी नहीं।

एक मिलन तो हो हमारा,
देख, फिर इन वादियों में हमारे ही प्यार के निशाँ गहरायेंगे,
नए प्यार के मुसाफिरों के लिए ये नज़ारे खुद-ब-खुद रास्ते भी सजायेंगे,
मंजिले मिलेंगी तय रहा, नए आशिक, आशिकी के नए मकाम बनाएंगे ।

ये रास्ते इश्क के नाम से जाने जाएंगे,
हमारी मोहब्बत के चर्चे गुनगुनाएंगे,
ये सिर्फ इस एक जन्म के लिए हमारा मिलन नही,
सदियो तक के लिए हम याद किये जाएंगे।

~ sonia

6. चला चल

अभी इन घटाओं ने तेरा दामन नहीं घेरा,
उलझन भरी बरसातों में नहीं खुला सवेरा,
बारिशें अभी बहुत देर तक भिगोयागी मगर,
अभी तो ये पहला ही पहला टकराव है तेरा।

तेरा हौसला ही तेरी जीत की निशानी है,
तेरी हिम्मत बताएगी तू कितनी दूर का सानी है,
चलता चला चल, रुकने का ना जिक्र भी हो,
कदमों में होगा सारा जहाँ, तब कोई कहानी है।

चल मगर सम्भल कर, हालात नाजुक है अभी,
किरदार चेहरे बदल कर निकले है सभी,
तेरा सितारा भी बुलंद होगा आसमान मे, एक दिन
आसमानो में भी बदलते है मंजर कभी-कभी।

~ sonia

7. झूठे जाल

रातो मे तकिए के खिलाफ भीगा किए,
तेरी यादो मे सिमट के खूब रोया किए,
भीगी पलको से सिरहाने फिर फिर,
तेरे मेरे इश्क के सपने संजोया किए।

ये उन सारी रातो की दास्तान थी,
छोटी छोटी गलतफहमियो का जो चालान थी,
अकेले मेरे दर्द की नही निशानियां सारी,
तेरे हिस्से के दर्द से भी बेजार मेरी जान थी।

उल्फतो के बादल फिर जब छटने लगे,
तुम फिर से मेरे सबसे अपने लगने लगे,
कभी मेरे, कभी नही, की उलझने जारी ही थी कि,
धीरे धीरे झूठ के बूने जाल, चूहे जैसे कुतरने लगे।

~ sonia

8. सही गलत

मेरी कहानी में, मैं कभी गलत नहीं थीं,
उसकी तरफ की कहानी की मुझे समझ नहीं थी,
सिलसिला गलतफहमियों का फिर यूहीं चलता रहा,
मैं सही हूं, मगर उसकी समझ में, मैं सही नही थीं।

सही गलत के निशान फिर गहरे होते रहे,
धीरे धीरे एक दूजे से किनारे होते रहे,
शामिल नहीं होते थे इक दूजे की महफ़िलों में,
और फिर ऐसे मसले बतेरे होते रहे।

साथ इतना ही था, उसके साथ लिखा,
कुछ उसने मुझसे, कुछ मैंने उससे सीखा,
एक दुजे के साथ नही है अब मगर,
शायद यही था, जीने का सही तरीका।

~ sonia

9. मनचला

उसकी हसरतो का काफिला अभी अभी मेरी गली से गुजरा है,
शौक बदलते रहते हैं उसके, वो मुझसे दूर ही भला है।

उसकी चाहतों में उलझी रही, जो शहर का बदनाम मनचला है,
दो कश्तियो पर सवार होकर, वो एक मंजिल को चला है।

और जाहिर सी बात पर भी उसके लिए ये दिल ज़माने से टकराने को चला है,
कि वज़ूद ना उसका रहेगा, ना मेरा ही, न जाने ये कैसे सुकून का मसला हैं ।

~ sonia

10. तन्हा

कभी याद किया, कभी फिर भुला दिया,
ये जिंदगी का सिलसिला कुछ इसी तरह चला किया,
कभी हम ना माने, कभी उन्हें ही मना लिया,
कभी गुज़री शामें इन्तेज़ार में, कभी पुरा दिन ही यू बीता दिया,
ये जिंदगी का सिलसिला कुछ इसी तरह चला किया।

वो शामिल नही हुआ मेरी महफ़िलों में, तो तन्हा ही आलम जमा दिया,
इन्तेज़ार में उसके जाम से जाम टकरा लिया,
मुद्दतों तक दीदार को तरसती रही निगाहें,
वो नहीं आएगा, इस बात का मगर कभी ना ऐतबार किया।

मौसम उनके इन्तेज़ार के ढ़लने लगे है,
उनके बगैर जमाने में तन्हा चलने लगे है,
वाकिफ़ नहीं हाथों की लकीरो में लिखी इनायातों से,
आजकल उस खुदा पर हम भी यकीन करने लगे है ।

~ sonia

11. मोड

सफर में हूं उस मोड़ के इन्तेज़ार में जहा से शुरुआत कर सकूँ,
पीछे भी ना मोड़ना पड़े खुद को, सामना हर हालात का कर सकूँ,
नहीं साहस कि, लाद के पुरानी यादे आगे बढ़ुं,
नहीं उतनी कोशिशे मेरी कि, तुझे ही फिर से पा लूं।
नही सम्भाल सकूंगी खुद ही के बोझ को,
कैसे तेरी जिम्मेदारियां भी मैं ही उठा लूं,
जाने दे मुझे, मत रोक मुझे, अब के रुक जाऊँ,
तो शायद फिर कभी न सम्भलू,
जाने दे मुझे, कि चलना फिर ना भूलूं।

~ sonia

12. रहमत

जरा जरा सी है बाते, गिनती के दिन यहां, गिन के राते,
चढते ढलते सुरज सा जीवन, बेवजह का हम इतराते।
चंद पलों का यहा बसेरा, जीवन कटता करते तेरा मेरा,
राते काली या उजली उसकी, इसी ख्याल में खोया अपना सवेरा।

इक हसरत फिर मैंने भी की, तेरी रहमतों में गुजरे जिंदगी
मेरी जमीन का एक तू ही मालिक, कुबूल हैं मुझे तेरी बंदगी,
ना मैं किसी का बुरा करु, ना कोई मेरा कुछ बिगाड़े
इबादत तेरी करता रहु, आए ना कुछ भी आडे।

~ sonia

13. इनायत

वाकिफ़ नहीं कुदरत की लिखी इनायतो से,
तेरे यकीन पर यकीन रखते है,
कि तूने चुना है,
एक इस बात का सबर रखते है।

हाथो से मौला दुआएँ मांगू सबके लिए,
आँखों में मोहब्बत, इनायत में महर देखते है,
कदम बढ़े नेकी की तरफ, हर कदम पर नजर रखते है,
सुकून पसरे शब्दों से, लहजे में कदर रखते है।

मेरा क्या है, मिला सब तुझसे मिला है
इतनी समझ रखते है,
तेरे चरणों में अर्पित जीवन मेरा,
तेरी इनायतो से गुजर बसर रखते है।

~ sonia

14. आखिरी इश्क तेरा

पहली मोहब्बत ना सही, तेरा आखरी इश्क बनू,
तेरे मेरे दरम्यान प्यार, सिर्फ़ प्यार अनवरुद्ध चुनू,
ख्वाहिश से आगे तुझे उस जहां पे ले चलू,
कि जहा से ना मै लौट सकु, ना मैं तुझे जाने दु।

पहली ही पहली मेरे प्यार की बुनियाद तुझसे,
मेरी ख्वाहिशों की अधूरी फरियाद तुझसे,
इक तेरा साथ काफी है मुझे,
मेरा सारा जहां, मेरा हवाई, मेरा बगदाद तुझसे।

वो अधुरे ख्वाब, वो अधूरे सपने पूरे होने लगे,
तेरे जिसम से रूह जब, मेरे जिसम में उतरें,
चाहतें थम गई, सुकुन सा पसरा अब जाकर,
हमारे इश्क के चर्चे जब ज़बान-ज़बान से गुज़रे।

~ sonia

15. आगाज

रूहानी सफर पर हूं इस कदर, कि अब
शरीर की जरूरतों का तो जैसे कोई एहसास ही नहीं होता,
मेरी रूह में समाए हो तुम, मेरी निगाहें ढूंढती नहीं तुम्हें अब,
तुम पास हो या नहीं, तुम से दूरी का ग़म-ए-खास नहीं होता,
बंद आँखों से भी पढ़ लूं मैं तुझे,
पर्दा कर सके ऐसा तो कोई लिबास ही नहीं होता,
मैं शिव सा, तू मुझ में पार्वती सी,
मैं तुझसे अलग हु या तु मुझसे ज़ुदा है,
इस बात का भी कोई आभास नहीं होता,
अटूट बंधन तेरे मेरे बीच ये जन्म-जन्म से है,
कि कोरी ख्वाहिश का इतना खूबसूरत आगाज नहीं होता।

~ sonia

16. आगोश

एक उम्र तेरे साथ चाहती हूं, कि
उस एक रात के एहसास काफी नहीं थे,
तेरी आगोश की गर्माहट में पिघल जाऊँ,
मिरी चाहतों के सुनामी फिर बहते रहेंगे।

तू मुझे मुझसे दूर ले जा रहा है कुछ ऐसे,
कि मैं तेरी हस्ती का हिस्सा बने जा रही हूं,
खुद ही से कुछ इस कदर बे-ख्याल हो गई,
कि, बिना तेरे जैसे जिंदा नहीं हूं।

ले चल कहीं मुझे की, अब रहा नहीं जाता,
ग़म-ए-जुदाई का, ये दर्द अब सहा नहीं जाता,
कि फर्द तिरी तमन्ना, इसके सिवा, कुछ तमन्ना नहीं,
सिवा तेरे इस दिल को, और कुछ नहीं भाता।

~ sonia

17. अपना नववर्ष

कैसा ये नव वर्ष है,
घोर अंधेरा, सर्द हवाएं, सुना पतझड, सुनी फिजांए
धूप में कटते दिन, चादर ओढ़े गुज़रती रातें,
नहीं हर्षित अंतर्मन, नहीं तन में उमंग है,
बर्फीली चादर ओढ़े, धरा भी अभी मंद है, कैसा ये नव वर्ष है ।

पाश्चात्य संस्कृति की देखादेखी, बधाईयाँ शुरू नव वर्ष की,
अभी तो सिहरन बाकी है, धरा कहां हर्षाती है,
हर दिशा शीत का स्पर्श है, कैसा ये नव वर्ष है ।

पतझड़ को जाने दो,
फूलों सी खिली खिली धरा को फ़िर मुस्कराने दो,
चैत्र मास की दहलीज पर रूत को कदम बढ़ाने दो,
धरा जब सौंदर्य से परिपूर्ण हो, तब कही नव वर्ष है, तब ही तो नव वर्ष है ।

खिलखिलाती धरती अपनी, नव ऊर्जा का संचरण करे,
नव चेतन सी प्रफुल्लित बन, धरा स्वयं को सृजित करे,
धरा जब सौंदर्य से परिपूर्ण हो, तब कही नव वर्ष है, तब ही तो नव वर्ष है ।

~ sonia

18. आक्रोश

जरा जरा सी बातो पर अब सब्र टूटने लगा है,
तेरा मेरा करते रहते है, सारा जग ही छूटने लगा है,
होश नहीं है किसी को अब, कि कहां तो जाना है,
बेवजह की उलझने है, हर बात में गुस्सा फूटने लगा है ।

आक्रोश में अपनी ही दुनिया तबाह करता जा रहा,
अपनों से वैर, गैरों पर भरोसा करता जा रहा,
नहीं सब्र, कि, करीबी रिश्तों की गुंजाइशे खत्म होने लगी है,
और अनजान रिश्तों की नुमाइशो में वक़्त गुज़रता जा रहा ।

कुछ तो रिश्तों की सीमाओं ने बांध रखा है,
या कहें अब तक बस सहन करता आ रहा है,
वरना ये वही दौर है, जो बहुत पहले से तय है,
नाम के इन रिश्तों मे बस जरुरतो का भय है।

~ sonia

19. सच्चे दोस्त

राहों में कई बार कदम लड़खड़ा जाते है,
गिरते संभलते है, कभी फिर फिसल भी जाते है,
मुश्किलों से तब सच्चे दोस्त बाहर निकालते है,
गिरे को उठाते, पैरो पर खड़ा कर जाते हैं ।

कम ही होते है ऐसे नसीबदार,
जिन्हें मिले दोस्तों का प्यार बेशुमार,
दोस्तों से हसीन है ये जिंदगी वरना,
दो पल भी मुश्किल है यहा गुजारना।

वो मेरी ग़लतियों पे मुझे डांट देते है,
सही हूं तो साथ अड के खड़े रहते है,
कहीं जो घबराए दिल, मेरी ताकत बन जाते है,
कभी जो फिसलू, कान पकड़ के घसीट लाते है।

हर बार उलझता हूं, सुलझा लेते है उलझने मेरी,
चाहे जो मांग लूं इनसे, पूरी करते हसरतें सारी,
दोस्तो से रंगीन है, हर शाम हर सहर मेरी,
सच्चे दोस्त है जीवन मे, बस महर है तेरी।

~ sonia

20. महामारी

महामारी का दौर चला है, त्राहि त्रासदी का जाल सा फैला है,
इससे लड़ना और जीत जाना है, यही तो इंसानी हौसला है,
सदा ही डटे रहे हैं जीती हर लड़ाई है,
इंसा के आगे कब किसी और ने जीत दर्ज करायी है,
हारा है इंसा तो इंसा ने ही हराया था,
और किसी करिश्मे का यहां बस कहा चल पाया था,
जीतेंगे आज भी, ज़ज्बा कम ना होने पाए,
आओ मिलकर इस महामारी को फ़िर से हराये,
तेरी मेरी जिन्दगी का फैसला कोई और क्यु करे,
मानव सभ्यता का हिस्सा है हम, कोरोना से क्यूँ डरे,
मेरा कर्म ही मेरा ध्येय है,
हराएंगे इसे भी दुश्मन चाहे अज्ञेय है,
मानव बने, मानवता अपनाए, और
मिलकर इस जहां को फिर से जीवंत बनाए,
आओ कोरोना को हराये, आओ कोरोना को हराये ।

~ sonia

21. पावन दीपोत्सव-महावीर स्मृति

प्रभु महावीर तुम आवोना, जिन भक्ति जा रस वरसावो,
मुझको राह दिखावोंना, भूली भटकी राहो से मुझको पार लगावोना,
वीर प्रभु तुम आवोना।

देख दिखावा दुनिया का हर क्षण तेरा सुमिरन तो करे,
ध्यावे उस वीर को जब भी मन में पर ना धीर धरे,
विपदा ये कैसे दूर करे, महावीर तुम बदलावों ना,
वीर प्रभु तुम आवोना।

सत्य अहिंसा आधार जैन का, नहीं पर आचरण में धरे,
पर पाखंडी राग में लिपट कर, लाग-लपट के काम करे,
कैसे खुद को रोके प्रभु, महावीर तुम बदलावों ना,
वीर प्रभु तुम आवोना ।

दया, धर्म, जन प्रीति को भूल, जगप्रसिद्धि पर आंखे जड़ी मेरी,
मोह में अंधा, लालच से घिरा, क्रोधी मन , स्वाद लोलुप ये जीभ मेरी,
कैसे खुद को बचाऊ प्रभु, महावीर तुम बदलावों ना
वीर प्रभु तुम आवोना ।

~ sonia

22. उलझे रिश्ते

अपनों से रूठे-रूठे ही ज़माना गुजार दिया,
बेगुनाहियां तो फिर भी साबित ना हुई,
मोहब्बतें जब जिंदा हुई दिलों में,
मनाने की अर्जियां फिर खारिज ना हुई,
रिश्तों की नर्म गरमाहट से लिपटी जब शिकायतें,
दिलों की रुसवाईयां, फिर जाहिर ना हुई ।
भाई भाई से खफ़ा है, पिता पुत्र में अलग ही झगड़ा है,
कही कहीं तो दोस्ती भी बेपरवाह है, रूठ के जैसे ये सारा जहाँ बैठा है।
मत बन एक और वजह तू भी, खत्म कर ये कलह अभी,
कुछ नहीं रखा इन रुसवाईयो में, बन सके तो बन वज़ह मुस्कराने की।
क्या रखा है, रूठ के अलविदा हो जाने में, ज़माने भर की रंजिशें जहन में छुपाने में,
जीत के खिताब अकेले कितने सजा लेगा, इत्मीनान तो तब भी, हार के गले लगाने में ।
सुकून की परछाइयां भी ना होंगी नींदे गुजारने के लिए,
ना होंगी ग़र अपनो की ही शिकायतें सुलझाने के लिए,
नाराजगी ऐसी ना हो कि फुर्सत ना मिले मनाने के लिए,
भुलाकर रंजिशे, दिलो को एक कर,
जिंदगी दोबारा नही मिलेगी, फिर से दूहराने के लिए।

~ sonia

23. मेरा लक्ष्य मेरा फितूर

ज़मी पर गिरा ज़मी पर ही नहीं रह जाता,
हवाएँ भी रुख बदलती जरूर है,
किसी पल में गिरे तो अगले पल में उठेंगे फिर,
खेल वक्त का और कुछ कर्मो का कूसूर है।

खुदा की सौगातें खैरात में नहीं बटी है,
खैरात पर जीने वालों को फिर वो पहचान नहीं मिली है,
अपनी लड़ाइयां खुद लड़नी है, हार मेरी, जीत भी फिर मेरी है,
लक्ष्य मेरा, तो कमान भी मेरी है।

तूफ़ानों को हरा दूँगा इतना गुरूर तो जरूर हैं,
अकेले तूफ़ानों से टकराने के भी फिर हौसले भरपुर हैं,
रहमत हो उस खुदा की या नहीं चाहे,
मेरी मंजिले, मेरी राहे, मेरा लक्ष्य ही, मेरा फितूर है।

~ sonia

24. प्रकृति

प्रकृति निरंतर चलती रही है,
त्राहि त्रासदी के मंज़र नित संभालती रही है,
हर दिन सूरज ने रोशनी पहुँचाई,
हर पल हवाएं चलती रही है,
पंछियों ने रोज उड़ाने भरी,
तो नदियाँ भी लगातार बहती रही है,
प्रकृति निरंतर चलती रही है।

सीखना है तो प्रकृति से सीखे, ये अपने दुश्मनों से भी प्यार करती रही है,
मानव ने कितनी क्षति पहुँचाई, पर ये अपने कर्तव्यों से ना डिगी है,
आह भी ना भरी, कष्टों को सहन करती रही है,
जिम्मेदारियां खुद ओढ़ के, नुकसान भरती रही है,
क्षमाशील, दृढ़, अडिग, सहनशील बनी रही है,
प्रकृति निरंतर चलती रही है।

~ sonia

25. मेरी लाडली

खूबसूरत मंज़र से गुजरती जिंदगी,
जाने किस मोड़ पर लड़खडाएगी,
सुरक्षित हाथो से निकल कर एक दिन तो
मेरी परी भी अपने से कदम बढ़ाएगी।

तूफ़ानों से टकराने के हौसले रखना,
हवाओं को चीर के आगे बढ़ना,
इस ज़माने की परिधि में बांधुगी नहीं तुझे,
संस्कारों के चिरागों को पर बुझने ना देना।

तेरी उड़ानों के लिए खुले आसमान होंगे,
अपने पंखों से भरोसा खोना ना मगर,
बुलंदियों तक जीत के निशान तू बनाना,
लौट कर फिर जमीं पर ही आना है, ज़मी से जड़े खोना ना मगर।

~ sonia

26. स्त्री

सहज शीतल शांत सयानी सी,
शेरनी सी खुंखार तो कभी कोमल शावक सी,
प्रकृति का सम्पूर्ण सौंदर्य समेटे
निर्मल जल सी, तो कभी, तरुवर की छाया स्त्री।

माँ बेटी बहन तो कभी पति की सानी,
रिश्तों के स्वरूप की सबसे पहली निशानी,
सारे रिश्तों को बांध कर स्वयं को सजाती स्त्री,
संपूर्णता का एहसास इस जग को दिलाती स्त्री।

माँ के हर स्वरूप को खुद मे रमा के,
सम्पूर्ण जगत को राह दिखाती स्त्री,
माँ का हर रूप झलकता तुझमे,
नवदुर्गा के रूप मे पहचान बनाती स्त्री,
नवरात्र के इस पावन अवसर पर,
शत शत नमन, तुझे हे स्त्री।

~ sonia

27. जो हुआ अच्छा हुआ

जिंदगी ने हमेशा एक कारण दिया हैं,
जब भी जो भी हुआ बस,अच्छे के लिए ही हुआ हैं,
काली अंधियारी रात या तपती झुलसाती दुपहरी,
वो क्षण ज़रूर बहुत मुश्किलों से गुजरा हैं,
पर जो भी हुआ अच्छा ही हुआ हैं ।

किसी और की कहानी का एक बहुत छोटा सा हिस्सा हूं,
पर अपनी कहानी को बहुत तबीयत से जिया हू,
जिंदगी ने बेशक बहुत कुछ छीन लिया,पर कभी हारने भी नही दिया है,
और जो कुछ दिया भी, बहुत खूब ही दिया है,
जो भी हुआ अच्छा ही हुआ है ।

मुझे जिंदगी से कभी अफसोस नहीं हुआ है,
शिकायतें ग़र रखता तो आज यहा ना होता मैं,
सोचता हूं अक्सर, मैं, मैं ना होता तो क्या होता मैं,
उसकी महर के बिना कुछ ना होता मै,
यहीं बस जीने का सलीका हुआ है,
जो भी हुआ अच्छा ही हुआ हैं ।

~ sonia

28. मुखोटा

कहने सुनने का जमाना अब कहाँ,
दो शब्द भी चुभने को हुए अब यहां,
शेखी बघारने के लिए चार चमचों की जरूरतें है बस,
दोस्ती के सही मायने अब कहाँ ।

वो खिलखिलाती हसी से गूंजती दीवारें अब कहाँ,
कहाँ वो खिड़कियों पर खड़ी दोस्ती अब यहां,
गलियों मोहल्लों का शोरगुल बंद दीवारो में जाम हो गया,
नए ज़माने में दोस्ती शब्द ही जैसे तमाम हो गया ।

धड़कने भी शोर लगती है, दिलों में दफ़्न हर राज हो गया,
चमचमाती पार्टियों में मिलना मिलाना रिवाज हो गया,
मुखौटे लगाकर मुस्कुराते चेहरे घूम रहे है यहा,
झूठी शान का दिखावा अब आम हो गया ।

~ sonia

29. हौसला

नही आती मुश्किलें तो, झेलना फिर नही आता,
गिरते ना ग़र जो तो, उठना भी नही आता,
हौसला ना होता जो लड़ने का,
डूबती कश्तियो से उबरना फिर नहीं आता ।

कच्ची मिट्टी के खिलौने भी ना थे,
कि गिरे और टूट जाते,
लकीरों में ना होती जो तपिश तो,
सुनहरी धूप सा निखारना फिर नही आता ।

हालातों के इंतजामात भी इतने पक्के थे,
कैसे तो हम बच ही निकलते,
भरोसा ना होता जो खुद के पैरों पर,
ऊँची छलांगों के बाद संभलना फिर नही आता ।

~ sonia

30. सुकून के पल

बड़ी मुद्दत से सुकून के ये पल मिले हैं,
तलाशते जिन्हें उम्र भर से रहे हैं,
कुछ पल मेरे अपनों के साथ भी,
मिन्नते यहीं ख़ुदा से करते रहें हैं।
बेचैनियों की अब बिसात ही क्या,
जो मुझे मायूस कर सके,
जन्नतो के आशियाने में
हम तो चैन से जी रहे हैं ।
पनाहों में मेरी माँ की, बेइंतहा प्यार हैं,
उसके आंचल की छाँव में,
खिलखिलाती खुशियों का सा त्योहार है।
ना फिक्र सुबह की ना शाम ही का इन्तेज़ार है,
बेफिक्र सी खूबसूरत जिंदगी,
किसी और सिफारिश की अब क्या ही दरकार है।

~ sonia

31. कटी पतंग

कटी पतंग सी हुई है जिंदगी,
ना जाने कहां जाकर थमेगी ये,
आसमाँ तो छीन ही गया,
उड़ाने कैसे अब भरेगी ये।

हवाओं का रुख ले जा रहा वहां,
जो नया ठौर होगा,
हवाओं के भरोसे जी ले अभी कुछ,
न जाने कब साथ छोड़ेंगी ये,
आसमाँ तो छीन ही गया,
उड़ाने कैसे अब भरेंगी ये।

किस्मतो का सहारा है बस,
क्या तो ख्वाहिशें सहेजे ये,
मन बहलाने थाम भी ले जो कोई,
कितना ही दूर तक चलेगी ये,
आसमाँ तो छीन ही गया,
उड़ाने कैसे अब भरेगी ये।

~ sonia

32. कलम

कलम उठाऊ तो एक अजीब सा डर लगने लगता है,
मैं सोचूं उससे पहले ही कलम जो चलने लगता है ।
अक्षर शब्दों मे तब्दील होने लगते है और नई सी कहानियां बुनने लगते है,
एक अलग ही नशा सा छा जाता है,
मैं सोचूं उससे पहले ही कलम जो चलने लगता है।

ख्यालो की गहराइयो तक शब्द मुझे ले जाते है,
कुछ नया सा करने की चाहत बन जाते है,
एक खूबसूरत सा एहसास सा होने लगता है,
मैं सोचूं उससे पहले ही कलम जो चलने लगता है।

फिर नई सी रचना मे शब्द पन्नों पर उतरने लगता है,
कई इरादो कई उम्मीदो का हिस्सा बनने लगता है,
शब्दो का नया ही खेल सजने लगता है,
मैं सोचूं उससे पहले ही कलम जो चलने लगता है।

~ sonia

33. बिन तेरे

सुबह उठने से रात को सोने तक रोज नई कहानी लिखती है स्त्री,
कोई माने ना माने, कोई हो ना हो, तेरे बिना पर, चलेगी नहीं ये जिंदगी,
घर की देखभाल प्राइम मिनिस्टर लेवल की प्लानिंग से शुरू होती है,
एक्जिक्यूशन के वक्त चौबिस घंटो की मजदूरी में फिर मिलती है,
ये भी तू कर लेती है, वो भी तू ही कर सकती है,
जाने कितने फीचरर्स अकेले खुद मे फिट रखती है।
ब्रह्मा का 360 डिग्री व्यू, दुर्गा के 10 हाथ या शिव की तीसरी आंख,
सभी खुद ही में सहेज कर रखती है,
जरूरत हो जिसकी जैसी, स्विच बस शिफ्ट कर लेती हैं ।
हमेशा अपग्रेडेड, डोरेमॉन के बैग सी जादूई बन जाती है,
उस पर प्यारी सी मुस्कान तेरी स्ट्रेस रिलीवर का एहसास भी कराती हैं,
बेशक तुझ सा खूबसूरत क्या होगा दूसरा कहीं,
इस जहां में सम्पूर्णता मे तेरा कोई सानी भी नहीं ।

~ sonia

34. कोशिशे

कोशिशें इतनी हो कि तु हार ही ना सके,
जीत के नगाडे भी थम ना सके,
हासिल कर ही लेगा मंजिलें तू अपनी,
रास्तों की करवटें भी बगावत कर ना सके।

आसान तो नहीं होगा इन मुश्किलों को हराना,
तेरी एक एक कोशिशों से टकराएगा ये जमाना,
मगर तू मत घबराना, आगे बढते रहना,
और बुलंदियों पर जीत का ध्वज फहराना।

इक मिसाल तु भी बने कामयाबी की,
तेरे पदचिन्हों पर चले फिर ये जमाना भी,
निशान इतने गहरे हो तेरे कदमों के,
तेरा नाम ही पहचान बने उन रास्तों की।

~ sonia

35. एम्बीशियस वुमन

उड़ाने तेरी दुनिया से दूर ले जा रही है,
मासूम दिल तो थमना भी नहीं जानता,
लाख जन्नते देखी तेरे दर पर,
अब की बार जहन्नुम की ख्वाहिश जगी है।

उड़ना तो हसरतो मे था मेरी,
तेरी मोहब्बतों में मगर कैद थीं जिंदगी,
चाहतों को मेरी अब एक नया आसमान मिला है,
कैसे रोकेगी भला, अब ये तेरी बन्दगी।

आसमानों को चीर कर परिन्दों से भी आगे,
अब निकल ही पडे है, उड़ानों में हौसला से आगे,
नये आसमानों में मेरे हौसलो के निशान होंगे,
जीत के जश्नौ से रौशन मेरे भी आसमान होंगे।

वफादारी के पन्नों पर तेरा ज़िक्र जरूर करेंगे,
कहीं दूर मगर मेरे भी हौसलों का नाम होगा,
बेपरवाह थी मैं पर, कसूर तो तेरी चाहतों का था,
अब परिंदों से इश्क का और क्या अंजाम होगा।

~ sonia

36. कोरोना-मजदूरों की दशा

समेटा अपना बसेरा अपने घर को चले,
ख़ाली राहों पर अकेले,
खुले आसमान के तले,
चले हम चले अपने घर को चले।

कदमों ने रफ्तार पकडी है,
भूख प्यास के भी मिटे अब सिलसिले,
हारी जो जिंदगी तो सडकों पर गिर पड़े,
जीत के सारी मुश्किलें फिर आगे बढ़े,
चले हम चले अपने घर को चले।

कड़ी धूप तूफ़ानों के थपेड़े,
राहों की छाँव तक मीलों तक भी चले,
हार क्या थकान क्या,
नन्हें नन्हें कदम भी बडी रफ्तार से चले,
चले हम चले अपने घर को चले।

टक लाया टक खाया कल का कब मुझे इन्तेज़ार था,
जरा सी जरूरतें थी मेरी,
छोटे से बस्ते में ही तो मेरा संसार था,
बसेरा ही उजाड़ दिया इस महामारी ने,
अब लौट के अपनी ठौर को चले,
चले हम चले अपने घर को चले।

ये महामारी की मार थी वरना मुझे कब किसी से सवाल था,

दुनिया तो चलती रही थी अपनी रफ्तार से,
इसे धकेलना ही तो मेरा काम था,
अब तक जिए थे इसी के सहारे,
पर ना कहलाऐंगे बेचारे,
हम तो चले, अपनी ठौर को चले,
चले हम चले अपने घर को चले।

~ sonia

37. रिश्तो का स्वरुप

भागती दौड़ती जिंदगी में रिश्तों के बस हिस्से रह गए,
रूठने मनाने के तो बस किस्से रह गए,
एक नई सी फिलिंग का कुछ यू कहे इजाद सा हुआ है,
हर कोई नए ज़माने के रिश्तों में आज़ाद सा हुआ है,
कोई कहीं दूर जा बसा है, तो कोई साथ में भी अनजान सा हुआ है,
इस मतलब की दुनिया में रिश्तों का रूप ही बेजान सा हुआ है।

हँसती खिलखिलाती वो इमारतें अब कहा,
मीठी चुभन सी वो शरारतें अब कहा,
रूठते मनाते शोर मचाते वो रिश्ते अब कहा,
घर की चौखट में सजती वो अदालतें अब कहा।

रिश्तों की नुमाइश को इक नया ट्रेंड बना दिया गया,
रिश्तेदारों की जरूरतें हुई तो नया फ्रेंड बना दिया गया,
रोज तो इतना समय नहीं कि बात भी मुमकिन हो,
मुमकिन हुआ तो संडे को ही बस ग्रैंड बना दिया गया।

खैर ये वक्त तो नहीं, पर कुछ शिकायतें तो हो,
कुछ सही करने की, कवायते तो हो,
रिश्तों की अहमियत बरकरार रहे किसी तरह,
रिश्ते निभाने की हिदायतें तो हो।

~ sonia

38. मशीनीकरण

मशीनीकरण के युग में इंसान रोबोट हो गया है,
जितना कहा जाए उतना कर लेता है, बाकी बातों में दिमाग नहीं चलता है,
गाय से दूध मशीने निकाल लेती है, दूध से मक्खन भी मशीनें ही बना लेती है,
इंसान का तो सिर्फ पाचनतंत्र ही काम कर रहा है, दिमाग घास चरने गया है।
जीभ पर से कंट्रोल खो गया है वापस ट्रैक पर आना भी मुश्किल हो गया है,
बीमारियों ने घेर लिया है तब जाकर दिमाग ठनका है,
योग मेडिटेशन हेल्थ के बारे में विचारने लगा है।
खैर अपर स्टेज का इंसानी दिमाग तो शैतानी दिमाग हो गया है,
इसांनियत भूल कर सिर्फ अपने फायदे मे लगा है।
तोड रहा है इसांनी शरीर के सारे जोड़,
फिर मशीनें बेचकर मचा रखी है हुडा होड़,
अब भी सभंल सकेगा जो खुद से मेहनत करेगा,
जुबानी स्वाद को तजेगा और स्वास्थ्य पर ध्यान केन्द्रित करेगा।

~ sonia

39. नेटवर्क

सोचो जरा जो ये नेटवर्क चीज ही ना होती,
मै तुमसे और तुम मुझसे फिर अंजान ही रहती,
खैर मेरे अपने मसले तब भी कम तो ना होते,
जहन मे जमाने भर की मुसीबते पर ना होती।

हर कोई कूछ ना कुछ करने मे लगा है,
अपनी, अलग सी पहचान बनाने मे लगा है,
नए नए तरीकों से नए नए नेटवर्क बनाने मे लगा है,
तन है जो अब थकता नही,
दिमाग मगर डैड सा होने लगा है,
डिपरेशन, एनजाइटी, मेन्टल सिकनैस जैसी
नये ज़माने की नयी सी बीमारियो से घिरने सा लगा है।

चलो जो है नहीं उसकी बात भी नहीं,
वो ज़माना अब नहीं, वो हालात अब नही,
वो सुकून के दिन वो सुकून वाली नींदे अब नहीं,
दिन रात इस नेटवर्क चीज की बस दीवानगी हर कहीं,
खैर, अब चलना भी इस नए जमाने के साथ ही होगा,
जो ना चल सका उसकी कोई पहचान भी नहीं।

~ sonia

40. तेरे भरोसे

नए नए आविष्कार मानव सभ्यता को सजाते तो जा रहे है,
खुबसूरत प्रकृति को उतना ही फिर बिगाड़ते भी जा रहे है,
क्या नहीं था इस प्रकृति के भरोसे पे,
बिना भेदभाव सम्भाला था हर हिस्से को करीने से।
मानव ने ली जब से अपने हाथो में डोर ये,
चीखें निकाल रही प्रकृति हर ओर से,
किसी और की जरूरतों का भान ही नहीं,
अपनी ऊँचाइयों का पूरा गणित है,
किसी और की गिरावट पर ध्यान ही नहीं,
ना धर्म बचा, ना कर्म ही, जाने ये ज्ञान कहा ले जा रहा,
मानव सभ्यता का विकास और प्रकृति का विनाश करवा रहा।
बेशक अपनी हर जरूरत को पूरा कर, मगर,
प्रकृति की हर हिस्से को अपना सा अपनाकर,
बहुत कर ली मन मर्जिया अब कुछ ख्याल कर,
तेरे भरोसे है ये धरती रख इसे भी सम्भाल कर ।

~ sonia

41. नारी

नारी बहता नीर, नारी शीतल धूप,
चिर समुद्र सी, तो कभी नारी गहन कूप,
नारी चरित्र को तू क्या समझेगा,
नारी महाकाली है, तो कभी, नारी ममता स्वरूप।
सहना नारी की क्षमता है, इसलिए दोष, फिर उसी के सिर चढ़ता है,
रिवाजों को भुला बैठी,
परम्परायें भी बिसरा दी,
भूल गई यहा वही दुर्योधन सी जनता है ।
स्त्री का अपमान,
जीवंत पौरुष का मरण था,
कपड़ा ही ग़र सम्मान था,
क्यूँ फ़िर कौरवों में द्रोपदी का चिर हरण था।
कमी संस्कारों में बढ़ने लगी, तू कपड़ों से चिढ़ने लगा है,
संभलते बेटे नहीं तुझसे, इल्ज़ाम बेटियों पे मढ़ने लगा है,
नारी तो सन्मार्ग का रास्ता ही दिखाएगी, उसकी औलाद बन के देख,
कलम हाथ आ गई तो मनगढ़ंत कहानियां गढ़ने लगा है ।
तेरे हर अपमान को पचा गई,
वो सम्मान की हकदार है,
इस पुरुष प्रधान सामाज को
सही राह पर ले जाने वाली एकमात्र दावेदार है

~ sonia

42. हारेंगे नही

अभी कुछ वक्त और लगेगा,
सम्भल जाएंगे, इरादे मजबूत है,
साफ़ तो नहीं मंज़र अभी,
धुन्ध छटनें के मगर पूरे सबूत है।

उम्मीदों का दामन थाम के रखेंगे,
जंजीरो के बिना भी खुद को बांध के रखेंगे,
हारने ना देंगे भरोसे को खुद के,
इरादों को इतना कस कर रखेंगे।

रुकावटें होंगी, थकावटे भी होगी,
अंधेरा होगा, बरसातें भी होगी,
सवेरा मगर खिलेगा जरूर,
हौसलों से तय फिर मंजिले भी होंगी।

~ sonia

43. जिंदगी

मैं लम्हों को समेटने में मसरूफ हो गया,
फिसलती रही जिंदगी रेत बनके,
एहसास भी खत्म होने लगे थे,
लम्हे जिंदा रहे फ़िर फरेब बनके।

कुछ इस तरह गुजार ली जिंदगी फिर,
ख्वाहिशें बढ़ती गई जो वक्त के साथ,
तो वक़्त गुज़ारा किया ख्वाब बुनके,
बुनने लगे कच्चे धागो मे रिश्ते,
रिश्तों में लिपटी रही जिंदगी फिर सुहाभ बनके।

जिंदगी के सलीके सीखता रहा तो,
चलती रही जिंदगी हिसाब बनके,
सवालों से उलझा रहा और
सुलझती रही जिंदगी जवाब बनके ।

~ sonia

44. हमसफर

किस्से,कहानियों से तेरी-मेरी जिंदगी सजी है,
क्या लिखू क्या नहीं की, मशक्कत लगी है,
हर बात, हर छोटी-बड़ी बात याद है मुझे,
कही बेशुमार मुहब्बते, तो कभी भरपूर नाराजगी है ।

चाहे जितनी गलतियाँ हो मेरी, शिकायत नहीं करता,
चाहे जो वज़ह हो, मुझसे नहीं उलझता,
इल्ज़ाम उस पर ही हमेशा,
चाहे जो सजा हो, उफ तक नहीं करता।

खूबसूरत लम्हो से ये जिंदगी सजाता रहा,
जीवन के हर मोड़ पर हमेशा साथ खड़ा रहा,
हमसफर बनके मेरा, मेरी उलझनो को संवारा,
इन राहों में अकेले चलना नहीं मुझे, हमकदम,
हरपल का साथ चाहू, एक पल भी बिना तेरे नहीं गँवारा।

~ sonia

45. सीख

हर मोड़ पर मुसीबत खड़ी है,
पर ये जो जिंदगी है,
हर बात पे चलती बनी है,
थकती नहीं, थमती नहीं कही,
जब तक कि ना अंतिम घड़ी हैं।
तू भी सबक ले इस जिंदगी से,
रुकती नहीं ये कही किसी से,
तू भी क्या थकने लगा अभी से,
चलता चला चल,बढता चला चल,
मिले ना जाए जब तक तेरी मंजिल।
जिंदगी का सबक जिंदगी से लिया,
तो क्या गुनाह किया,
माना जीतने की कोई ख्वाहिश नही इसे,
मग़र हारने नही दिया,
मंज़िल ना मिली तब तक लडता रहा,
जीत ने खुद से ही ये दामन थाम लिया।
जिंदगी जीने का बस इतना सा राज है,
चलते चले जाना है, थकना नहीं आज है,
कल किसने देखा है यारों यहा,
हर नई सुबह का नया ही आगाज़ है,
हर शाम, हर सहर है, बस आज है।

~ sonia

46. उड़न तश्तरी

उड़न तश्तरी को देखा, सुदूर आसमान में कहीं,
आँखों से ओझल हो गई, जैसे पलक झपकते ही,
सोचता हूं तो, कभी सच, तो कभी लगता है झूठ ही,
पर मैंने देखा था, देखा तो था ही ।

कौन है जिसे खोजती है आंखे,
या ये सिर्फ है भी तो मन का वहम ही,
पर दूर आसमान तक दौड़ती रही निगाहें,
देखा था मैंने, देखा तो था ही ।

कोई कहता है एलियन बैठा है, चलाता है इसे वो ही,
कोई कहता है बहुत शक्तिशाली है, और बहुत तेज भी,
मेरी सोच के परे सोचता है, कहीं ये खुदा तो नहीं,
खैर देखा था मैंने, देखा तो था ही ।

~ sonia

47. बचपन

आसान था बचपन, आज मुसीबतों सी घिरी हर शाम होने लगी,
हर पल खुद मे ही काफी था, आज जरूरी दूसरों में नुमाइश होने लगी,
अकेले ही खूश रह लिया करते थे, बेवजह मुस्कूरा लिया करते थे,
आज बात बात पर, हर बात पर मुश्किले तमाम होने लगी।

लब हँसते है, पर बचपन की तरह खिलखिला नहीं पाते,
आंसू बहते है, औऱ तब भी बच्चों जैसे रो नहीं पाते,
खुश हैं मगर ख़ुशी से झूमना नहीं चाहतें,
बचपन का हर साथ अनमोल था,
आज साथ होकर भी साथ हो नहीं पाते।

चंद यादे सहेज ली मैंने फिर,
चंद तस्वीरे भी संजो कर रख ली मैंने,
जाने कितने बचपन पर भुला दिए,
जीवन के जीवंत प्रमाण गँवा दिए मैंने।

~ sonia

48. महावीर निर्वाण

चकाचौंध, दिखावा मात्र क्यूँ इस पावन पर्व का अर्थ रह जाए,
त्याग, तप और संयम से अपितु कार्तिक कृष्ण अमावस्या सजाये,
मोक्ष लक्ष्मी, ज्ञान लक्ष्मी का घोतक है ये दिवाली,
आओ मिलकर हरे अधंकार, महावीर निर्वाण कल्याणक मनाए।

वीर वाणी का पान करे,दया धर्म का गान करे,
नव चेतना से संपूरित, नववर्ष का बहुमान करे,
नव वर्ष की शुरुआत है, तो नव नवीनतम सोच रखे,
छोड पुराने कर्मों का लेखा, नव खातों का सब सही हिसाब लिखे।

प्रेम, सौहार्द का प्रतिरूपण हो, धर्म भाव के दीप जलाए,
पर फूलझड़ी, पटाखों की लडी, शोर, धुआ या हिंसा ना फैलाए,
जीव हिंसा मन से तज कर, फिर जीव दया का प्रारूप अपनाए,
अपनो के साथ मनाए पर्व और बाँटे दिवाली की ढेरों शुभकामनाएं ।

~ sonia

49. नासमझ इश्क

इन खुशफहमियो से ही जिंदा हू;
गुजारा और भला किस से करू,
तेरी आहट से ही बहल जाता था दिल,
कोशिश रहतीं थी, रोज तेरी गली से गुजरू।

एक नजर भर के देख तो लिया होता,
तेरी निगाहों के निशाने पर मैं होता,
ताउम्र तेरी नजरो पर टिकी रही नज़रे मेरी,
नजरअंदाज किया तूने,
वरना तो मैं भी तीरअंदाज बना होता।

ये तेरे लिए मेरा इश्क था सनम,
दिल बहलाने का तरीका ना समझ,
वो कच्ची उम्र के पक्के से इरादे थे,
मगर तू ना समझ और मैं भी ना समझ।

~ sonia

50. मोड

सफर में हूं उस मोड़ के इन्तेज़ार में जहा से शुरुआत कर सकूँ,
पीछे भी ना मोड़ना पड़े खुद को सामना हर हालात का कर सकूँ,
नहीं साहस की लाद के पुरानी यादे आगे बढ़ू,
नहीं उतनी कोशिशे मेरी कि, तुझे ही फिर से पा लूं,
नही सम्भाल सकूंगी खुद ही के बोझ को,
कैसे तेरी जिम्मेदारियां भी मैं ही उठा लूं,
जाने दे मुझे मत रोक मुझे, अब के रुक जाऊँ,
तो शायद फिर कभी न सम्भलू, शायद फिर कभी ना सम्भलू,
जाने दे मुझे, कि चलना फिर ना भूलूं, चलना फिर ना भूलूं।

~ sonia

51. तेरे लिए

तेरा रास्ता देखा किए, तेरे दर को अपना घर बना बैठे,
तू नहीं आया और इन्तेज़ार में तेरे, घर ही लुटा बैठे,
खंजर चलाए कुछ ऐसे, कि ज़ख्म सीने पर ना दिखा किए,
तेरे लिए सनम, कई बार सुर्ख लाल खून से नहा लिए।
पर लगता है, तुझे मेरी मुहब्बत नहीं रास आती शायद,
और इस दिल को सिर्फ तुझे पाने की है कवायद।
एक तरफा है कोशिशे मेरी, तुझ पर दावेदारी, अभी तो नहीं,
पर इतना तो बता दे सनम कोशिशों में हमारी कमी तो नहीं।

~ sonia

52. क्रोध

सोचता हूं तो लगता है, क्यूँ है इतना क्रोध रे,
बेवजह, बिना सोचे बोल के बिगाडा सारा खेल ये,
ना तसल्ली थी तो धीरज धर लेता,
अपना नहीं तो किसी और का सही कर लेता ।

कभी शब्दों के बाणों से प्रहार किया,
तो कभी हाथा-पाई पे उतर आया,
कभी खुद ही का नुकसान कर बैठा,
कभी दूसरे का घर उजाड़ आया ।

अभी तो अनसुनी थी बात सारी,
शब्द होने लगे मगर समझ पे भारी,
बिना सुने ही माजरा पूरा, कर बैठा,
अनसुलझे अवसादो के पोषण की तैयारी।

जल रहा था घर आँगन,
भय से आच्छादित था प्रांगण,
विध्वंस की थी सारी तैयारी,
चिता पर भी होत तो होता क्रोध मे मगन ।

क्रोध से बड़ा कोई और शत्रु नहीं तेरा,
मन पर है मगर क्रोध का ही डेरा,
ज्ञान का हरण कर लिया इस क्रोध ने,
हावी हुआ तुझ पर अज्ञान अब तेरा।

सुन ले कभी जो कोई कुछ कह रहा,
देख ले कभी अपनी भी गलतियां,
आसान है कायर बन बैठ जाना,
क्रोधाग्नि में सब स्वाहा कर ऐंठ जाना
मुश्किल है तो चुप रह पाना,
शांत सुलझा, समझदार बन पाना।

~ sonia

53. किसान

वो अनाज उगाता है,
हमारा पेट भरा जाता है,
पर उस गांव वाले को गँवार ही समझा जाता है,
वो अपना दिन अपने रातें,
अपना खून पसीना लगाता है,
पर उसे गँवार ही समझा जाता है।

वो सूरज निकलने से पहले ही उठ जाता है,
और खेत की ओर बढ़ जाता हैं,
वो धरती का लाल अपनी माँ की सेवा,
अनवरत करता जाता है,
पर उसे गँवार ही समझा जाता है।

बारिश तूफ़ान या कोई भी आपदा में
उस किसान का सारा माल व्यर्थ जाता है
सरकार तय करती ज़रूर है मुआवजा फिर
पर उसके हाथ तो सिर्फ घोटाला ही आता है
और उसे गँवार ही समझा जाता है।

~ sonia

54. चलती रहेगी जिंदगी

जिंदगी चलती रही, मैं थक कर थम गई,
खो कर अपनी हस्ती कहीं गुम सी हो गई,
छीन के मेरी रातें उसे अब सवेरा मिल गया,
अश्कों को भी मेरी आँखों का फिर बसेरा मिल गया।

बे-ख्याली में गुजरने लगी रातें, मेरे दिन भी,
इन्तेज़ार करती रही निगाहें उसके दीदार की,
वो ना था मगर सब वहीं था,
जिंदगी का एक पन्ना बस कम था, मना लिया फिर खुद को भी,
चले जाते हैं रूठ के जाने वाले, जिंदगी मगर रुकती नहीं ।

खोयी हस्ती को पाने की फिर एक बार चाहत हो गई,
गलतियां भुला के, उसके गुनाहों पर मुस्कराने की आदत हो गई,
नया सवेरा मैंने भी खोज लिया फिर,
मेरा चैन, मेरी नींदे, मुझे दोबारा मिल गई।

फिर नए रिश्तों से नए से अरमान जगने लगे,
नयी सी कहानी के नए से फरमान बनने लगे,
हर रात का सवेरा, हर दिन की फिर शाम भी थी,
नई जिदंगी के नए से रिश्ते अब दिल मे समाने लगे ।

~ sonia

55. फितूर

नब्ज ए मुहब्बत जैसे ही हाथ लगी,
रग रग में मानो थी आग लगी,
इससे पहले कि नज़रे टकराती,
इश्क मे घंटियां सी बजने लगी ।

तुम हमें, हमें तुम्हें अभी कितना जानते होंगे?
पर नक्की हैं, कि तेरे बिन अब नहीं रह सकेंगे,
इश्क परवान चढा हैं, क्या अब कहेंगे,
अब से, जो तुम कहोगे, वहीं हम करेंगे।

आज मंज़र ए इश्क कुछ इस तरह हो गए,
हम जरा सा क्या रूठे, तुम सीधे खफा हो गए,
नए ज़माने के इश्क ने तो, सिर्फ रूठना सिखाया था,
सनक ऐसी हुई कि अब हम कौन, तुम कौन हो गए ।

कच्चे धागों से बंधी थी डोर इश्क की,
खिंचाव जरा-सा झेल ना सकीं,
हाल ए जहाँ हो गया, सजा नहीं कही इस कसूर की,
और कहते है, जी इतनी ही उम्र थी इस फितूर की ।

~ sonia

य़ह उन लम्हो का सफर है, जो हमे बनाते है, बदलते है, और कभी कभी तोडकर फिर से जोडते है!

“अब तो बस में नहीं तुमसे मोहब्बत ना करू,
तुम लापरवाह, कि मेरा पर्दा भी नहीं रखा जाता,
जमाने की नजरों से बच कर, मिलते है तुझसे सनम,
और तुम से ये एक काम भी ठीक से नहीं किया जाता”

हर कविता जिक्र करती है उन छोटे छोटे लम्हो का जो यादो का वजुद बन जाते है।

~ THANK YOU ~

www.ingramcontent.com/pod-product-compliance
Lightning Source LLC
LaVergne TN
LVHW090431210926
848480LV00002B/780
* 9 7 9 8 9 0 4 5 1 7 7 9 3 *